autumnreader*jh*

Jessica Herbstritt

Wortgewandt
2021

Alltagslyrik

AF220169

Jessica Herbstritt

Wortgewandt

2021

Alltagslyrik

Bibliografische Information der Deutschen Nationalbibliothek:
Die Deutsche Nationalbibliothek verzeichnet diese Publikation
in der Deutschen Nationalbibliografie; detaillierte bibliografische
Daten sind im Internet über dnb.dnb.de abrufbar.

Wortgewandt 2021
3. Auflage 2022
© Jessica Herbstritt , autumnreaderjh
Herstellung und Verlag: BoD – Books on Demand, Norderstedt

ISBN 9783756817337

für
F.H.M.L.
L.D.
ρ π

07.11.2020:
Manchmal tut es gut, wenn auch schon mit dunkler Vorahnung, noch einmal ganz besonders das Schöne zu genießen, was im Hier und Jetzt liegt.

Jungnovember

Jungnovember, bist noch bunt,
du spielst mit warmen Farben,
umgüldest deine Blätter und
kannst freche Drachen tragen.

Deine Luft ist kalt und rein
und zwischen langen Schatten
glitzert der Abendsonnenschein.

Noch spendet Sonne Lebenskraft,
labt gelb-orange die Augen.
Das Laub gebor'gne Nester schafft,
um Wärme einzusaugen.

Drum tankt noch einmal alles auf,
was Farben, Saft und Wärme hat;
noch geht der Himmel blauend auf
vom frischen Wind des Lebens satt

Das klart und schärft die Sinne.
Die Lebensgeister noch mal zieh'n;
sie singen leis der Minne.

Wohltuend Wonne wärmt den Leib,
Erinnerung wird weiter,
auf dass sie lange in uns bleib'
und macht, was dunkel, heiter.

Noch reckt die Klauen nicht das Grau,
noch sind die Nebel ferne,
noch sind die Winde weich und lau,
noch droht der Frost von ferne.

Drum sorget vor, der trüben Zeit,
mit Lachen und Geschichten,
die trösten, wenn es ist so weit.

Auch sammelt und verpackt ganz fein
die letzten Sonnenstrahlen
laßt alles Schöne in euch ein,
die Seele bunt zu malen.

26.10.2020:
„Mama, schreib doch mal ein Gedicht über mich." bat mich
meine Teenager-Tochter. Dies kam dabei heraus...

Großbaustelle

Lila Töne perlen auf
und duften süß und weich
Gedanken nehmen ihren Lauf
und streichen alles bleich.

Ein Regenbogen taucht hinein
in blaugetöntes Knattern
und wütend streifet dabei ein
Flügel, schnell doch ohne Flattern.

Eine Idee nimmt Formgestalt
von Weltenformeln an
und schwebt dann doch in einen Wald
von finsterem Gedankenklang.

Der Horizont wird weiter,
der Boden wölbt sich zum Zenit,
er wächst und fällt, wird breiter,
weiß kaum, was dort geschieht.

Dann weht vorbei ein Sahnestück,
klingt gelb und grün gestreift
und schenkt dann die Idee zurück
von Flieder, der im Fass gereift.

Verbinden tut sich Sinn mit Raum
und baut bizarre Zimmer;
verbleiben so Sekunden kaum,
verschwimmen dann für immer.

Alles wird dabei verknüpft:
Farbe, Ton, Gefühl, Idee,
und wieder aus der Form dann schlüpft
wie warm geword'ner Schnee.

Die Sicht wird weiter, der Verstand
kann sammeln, frei und ohne Schranken,
Assoziation von erster Hand,
und sie mit sich verranken.

Neuronkaskaden sprühen Funken,
erkennen, lernen wie im Schlaf,
die ganze Welt ist eingesunken
im Chaos, nach Wollen und Bedarf.

Und überall wird abgerissen
und neu erschaffen immerfort,
kindlich Naives fortgeschmissen,
zu bilden einen neuen Ort.

So geht's wohl jedem bald nach zehn,
dass wir in einen Umbruch seh'n
und überschreiten dann die Schwelle
zur pubertären Großbaustelle.

29.12.2020:
In der Nacht, in der ich aus den unterschiedlichsten
Gründen einfach keinen Schlaf finden konnte.

kein Schlaf

Kann nicht schlafen,
hab zu viel Schleifen
im Kopf -
armer Tropf.

Bin nicht müde,
hab zu viel Gefühle
im Bauch -
Schall und Rauch.

Kann nicht schlummern,
hab zu viel Grummeln
im Sinn -
kein Gewinn.

Bin nicht träge,
hab zu viel Gesäge
im Ohr -
welch ein Chor.

Kann nicht träumen,
hab zu viel Räume
im Sein -
bloß zum Schein.

Bin noch wach,
Ach!

30.12.2020:
Manche Stimmungen in der Natur sind nur sehr behutsam einzufangen.

Nebelschaf

Ein Schaf liegt über unserm Tal,
lässt seine weiche zarte Wolle
sich breiten ein um's and're Mal
über Strauch und Baum und Knolle.

Sanft gleiten Windradflügel
hinein und kitzeln leicht sein Fell,
bauscht hier und dort 'nen kleinen Hügel,
durchdringt nur flüchtig diese Stell'.

Bis irgendwann das breite Schaf
erhebt sich langsam, träg, zerlesen,
wird licht, undeutlich, zart, und brav
fliegt es davon, als wär's dort nie gewesen.

01.01.21:
Manchen Begegnungen geht man gerne aus dem Weg.
Dann schmerzt das Abstand-Halten dieser Zeiten nicht
ganz so sehr.

Lieber von ferne

Es gibt Menschen, denen man
einfach nicht begegnen kann
oder möchte oder sollte,
weil in einem selbst dann grollte
zu viel negatives Sinnen
und das Gute zög' von hinnen.

Wenn einer also kommt und meint,
er müsse Stunden - wie es scheint -
sich lang und breit im Wort ausbreiten,
des Pudels Kern -zig mal umschreiten,
um dann am Ende nur zu sagen,
er würd' gern gelbe Socken tragen,

dann sieht man diesen doch sehr gerne -
nur von ferne.

Wenn eine ist sogar der Meinung,
man müsse wechseln seine Kleidung
nicht öfter als zweimal im Jahr,
und ohne Zahncreme käm' man klar,
und ihr natürlich herber Duft
sei süßer noch als Rosenluft -

dann geht man ungern der entgegen -
der Nase wegen.

Auch wenn mit Blicken jemand kann
zum Glühen bringen immer dann
den einen, der das Sehen spürt
und sich von diesem tief berührt
fühlt, und sieht nur ganz und gar
Gefühlschaos, doch nichts mehr klar -

dann dessen Wege mag man schlicht -
durchkreuzen nicht.

Konfrontation, Geduld und Ruhe,
Joga, Diät und Joggingschuhe,
Kurse in Gesprächeführung,
Zaubersprüche, Knotenschnürung,
Knebel, Duftöl, Sternenlicht
all dies hilft da leider nicht.

Ertragen läßt sich das nur dann -
wenn man's von fern betrachten kann.

04.02.2021
Es gibt Monate in denen reicht schon ein Sonnenstrahl, um die im Gemüt sich widerspiegelnde trübe Stimmung vergehen zu lassen.

Regenschein

Über Himmeln ziehen Wolken
weiß und hell- und dunkelgrau
so als wollten
           sie gemolken
werden vor dem Morgentau.

Auch der Wind drängt sie nach Regen
drückt und schiebt sie freuchteschwer
so als wehten
           sie verwegen
im Himmel sanft vor ihm daher.

Doch der Sonne sanfte Strahlen
zwinkern durch den frühen Tag
so als machten
           sie zum malen
bunt, was grau und trist da lag.

Sie schlecken auf die Wolken,
ungemolken
und scheinen fort den Regen,
sehr verwegen
und machen lächendbunt den Tag,
so dass er schön uns werden mag.

13.02.2021:
Dieser Nachruf auf meine verstorbene Chefin Frau B. ist zu einer Liebeserklärung an Freunde geworden.

Begegnung

Es gibt Menschen, die da pflegen,
kommen sie dir mal entgegen,
einen angenehmen Ton
und haben nach zwei Worten schon
ein Samenkorn ganz sorgsam sacht
gelegt in dich und mit Bedacht
und Wertschätzung getränkt,
dass erste Wurzel aus ihm drängt.
Es sprießt und zweigt, bringt erstes Blatt,
treibt erste Blüten, Früchte satt.
Es wächst und überspannt als Baum,
so dass sich wölbt ein schöner Raum,
der Schatten spenden kann der Seele,
so dass es ihr an nichts mehr fehle.
Sie ruhen kann, schöpft neue Kraft,
und einen Ort so neu erschafft,
der stärkt und labt dich in der Mühle
des Weltenarbeitshastgewühle
und lädt dich friedlich sorgend ein,
mal wieder Gast bei dir zu sein.

08.04.2021:
Im Schatten des weltumspannenden Cs, für mehr Licht und Zuversicht.

Frühlingsanschub

Gib den traurigen Gedanken
einen Tupfer Farbenglanz,
so wird Blütenblatt sich ranken,
spiegeln sich im Freudentanz.

Trag' in kalte Nebelschwaden
einen Funken Melodie,
so wird Vogelsang drin baden,
im Duett so schwingen sie.

Schick' dem grauen, trüben Regen
einen Tropfen Sonnenschein,
so wird Buntes sich bewegen,
wird ein Regenbogen sein.

Send' dem, einsam in der Ferne
eine Zeile Zuversicht,
so wird Umhüllung daraus gerne,
getaucht in liebevolles Licht.

Wie schön, dass man sich dann und wann
auch von fern berühren kann.

20.04.20201
Manche Feiertage wirken tatsächlich wie kleine Rettungs-
anker auf den Ozeanen des Alltags.

Alltag

Mancher Tag ist Feiertag,
welchen man besonders mag,
denn der Alltag grüßt von ferne
nur - das sieht man gerne.

Wenn man alles wohl bedenkt,
so'n Feiertag nur Freude schenkt.
Entspannt lässt man die Seele baumeln
und die Beine gerne auch,
sieht die Schmetterlinge taumeln
und streicht sich über'n vollen Bauch.

Die Zeit passt leichter in den Rahmen,
Gedanken zieh'n auf and'ren Bahnen.
Seichter, frischer scheint die Luft,
Sorgen, Nöte sind verpufft.
Leuchtend, prickelnd geh'n die Stunden,
weil mit Freude sie verbunden.

Mal treiben, träumen, lenzig sein,
fein schaukeln in der Matte.
Mal Schritt für Schritt, die Welt wird klein
und Wolken zieh'n wie Watte.

Doch dann kommt er erbarmungslos
und macht die kleinen Sorgen groß.
Er tritt hervor in tristem Grau,
macht Stimmung und den Magen flau,
und hält dich fest in seiner Hand -
Als ALLTAG ist er uns bekannt.

Selten nur zieht er sich dann
auch mal bunte Handschuh' an.
Er lockert etwas seine Faust,
dass freudig du nach draußen schaust:
weil Hoffnung dir noch bleiben mag -
für einen nächsten Feiertag.

07.06.2021:
Manchmal spuckt das Netz zur rechten Zeit jemanden wieder aus, von dem man gar nicht wusste, wie wertvoll er für einen gewesen ist und wieder sein wird.

Sandkastenfreunde

Manchen Freund aus Kindertagen -
irgendwann dem Auge fern -
hat die Zeit mit sich getragen,
hatte man ihn noch so gern.

Zeitenströme ziehen immer
anders als man sich's gedacht,
führen später, wenn du nimmer
mehr es meinst, ganz sacht
die Wege aufeinander zu -
Vertrautheit ist dann da im Nu.

Doch erst nach vielen Stolperfallen,
durchbeißen sich mit scharfen Krallen,
fallen, aufsteh'n, Krone richten,
Erfolge haben, ach, mitnichten,
Vertrauen finden und verlieren,
da und dort sich selbst verzieren,

zieren sich vorm kalten Wasser,
hinterm Schreibtisch werden blasser,
den Korb und mache Krise kriegen,
mal auch im siebten Himmel fliegen,
den Kopf auch in den Sand gesteckt,
im Stillen Rache ausgeheckt.
Schließlich im Alltagstrott versunken,
Pommes in den Ketchup tunken -
halt STOPP! Gesundheit muss man pflegen.
Selbstfindung ist auch anzustreben,
Muskeln trainieren, Kondition,
frag' deine Uhr, sie weiß es schon,
wie viele Schritte du musst gehen,
ums Tagespensum zu bestehen.
Die erste Falte, graues Haar,
der Hexenschuss ist auch schon da -
und Kinder, die immer wollen haben
was Süßes, Spiel und and're Gaben.

Erst dann, wenn all dies ist durchlebt,
die Sicht mal wieder weiter schwebt,
entdeckt man diesen Freund grad dann,
'wenn man ihn gut gebrauchen kann.
Und auch, wenn Vieles zeitlich fern,
bespricht man sich noch immer gern
und findet Rat und gute Worte
die öffnen eine neue Pforte:

Für manche Unbezwingbarkeit
ist nun die Lösung gar nicht weit.

Dann weiß ich, wer die Schritte lenkt
und diesen Freund zurück mir schenkt.

14.06.2021
Nicht ganz unbeeinflusst von der EM und zeitnah erlebten
Eindrücken vom Loslassen.

Gib doch mal ab

Wenn der Mensch den Menschen sieht,
manch' Gedanke ihn durchzieht -
beim Fußball, um mal eins zu nennen,
sieht man die Spieler fleißig rennen.
Oft hört man da, bei schlechtem Spiel,
wenn überhaupt kein Tor mehr fiel,
gut gemeint, doch laut und knapp,
diesen Satz:
„Gib doch mal ab!"

Weiter noch als hier beim Spiel
braucht's in der Welt noch ganz schön viel
an Kleidung, Wasser, Frieden, Brot,
zu lindern manche schwere Not.
Überfluss woanders quillt,
wo Hunger dort die Bäuche schwillt
und Stimmen flehen - leise, schlapp -
die Worte nur:
„Gib doch mal ab."

Und blickt man mal in sich hinein,
denkt dann, man könnt' nie glücklich sein,
weil große Päckchen man muss tragen
an Sorgen, Angst und großen Fragen,
die niederdrücken das Gemüt,
kein Funken Hoffnung da mehr glüht -
Dann sagt von oben sanft herab
die Stimme sacht
„Gib doch mal ab."

Wie viel Erleichterung verschafft
es doch an allen Enden,
wenn wir mit aller unsrer Kraft
zum Guten wollen wenden,
was traurig ist und ganz verzagt -
wenn jemand dann aus Wohlgefallen
„Gib doch mal ab." uns sagt,
dann tut dies Tun ganz sicher gut uns allen.

20.07.2021:
Inspiriert durch die Abschiedsrede für den Klassenlehrer meiner Tochter, der eine Ukulele als Abschiedsgeschenk erhielt.

Das Leben hat viele Saiten

Das Leben hat so viele Saiten,
auf die es sich kann bunt ausbreiten,
drauf jeder Mensch, ob er, ob sie,
spielt seine eig'ne Melodie.
Schwingt mal in Dur und mal in Moll,
mal laut und auch mal stimmungsvoll.
Gestaltet seinen eig'nen Klang
und variiert sein Leben lang
auch seinen Ton und Melodie.
Manchmal gelingt die Harmonie
mit jener anderer Begleiter,
manchmal traurig, manchmal heiter,
mal taktlos und mal dissonant,
dann flüchtig, wie zu feiner Sand.
Dann mag da nichts zusammen stimmen -
so gute Laune geht von hinnen.
Welch Glück, wenn man dann einen kennt,
der in dem Fache kompetent,
die Tonarten beim Namen nennt,
der alles lenkt - der Dirigent.

Der für 'ne gewisse Zeit
mit Achtung und Feinfühligkeit
vermag es fast in jeder Schar,
dass jede Stimme leuchtet klar,
auch jeder find't ein off'nes Ohr,
nimmt sich zurück und strahlt hervor,
schwinget mit, mit allen Tönen,
auf dass sie sich dann noch verschönen
und interessant sind, bunt sich mischen,
ohne sich selber zu verwischen.
Dass auch 'ne Dissonanz nicht stört,
im Gegenteil - dazu gehört -
dann als Bereicherung empfunden
und als Vielfalt wird verbunden.

Wenn dies gelingt im Hier, im Leben,
dass Menschen so sich Räume geben
und vertrau'n dem guten Willen,
dass jeder möchte tief im Stillen
teilhaben an und wirken ein
auf Klang und alle Melodei'n -
dann kann die Welt im Frieden sein.

03.10.2021
Im Winter den Sommer auf den Lippen haben.

Zweimal

Bei einer Freundin fand ich mal
am „Stillen Ort" in großer Zahl
Tipps und Kniffe für den Garten -
womit man wie lang sollte warten,
und wann es sei dann an der Zeit,
dass Obst und Früchte steh'n bereit
zur Ernte, um sie zu entsaften,
einzukochen und mit Kaft denn
auszupressen, zu gelieren,
mit kleinen Stücken zu garnieren,
was dann von Gläsern fein umhüllt
den Bauch und Speisekammer füllt.
Auch das zu tun
beschloss ich nun.

Und wie ich so schritt in den Garten mein,
da strömt mir ein Duft in die Nas' hinein.
Ganz süß und weich,
verlockend gleich

aus zarten Blüten weiß und klein,
in vielen Dolden dort am Hain.
Ein riesengroßer Busch, fast Baum
sich zweigte dort und macht' sich Raum.
war Traum für Nase, Aug', Verstand
welch Wohlgenuss sich darum wand.
Holunderte so vor sich hin
Berauschte mich tief in mir drin
So kam ich mit mir überein:
Holundersirup sollt' es sein.

Ich flugs die Dolden abgeschnitten
und eingelegt in Schüssels Mitten,
in Zucker- und Zitronenwasser,
an einen ruhigen Ort, so dass er
sein Aroma übertrage
und jeder, schnuppernd, staunend sage:
„Hier holundert's in der Küche -
Verführerisch, die Wohlgerüche!"

Noch einmal aufgekocht der Sud.
Dann ab in Flaschen, gold'ne Flut
in Sprudelwasser fein dosiert
mal weniger, mal mehr probiert,
den Sommer zu erfrischen
um Durst hinweg zu wischen.

Ein paar Wochen später dann,
seh'n mich die Früchte lila an.
Sie fordern Schere und 'ne Schale
dass ich sie zupfe, koch', zermahle,
dann durch ein Leinen sie passiere,
mich ob der Röte nicht geniere
und fülle sie mit schneller Hand
in ein gläsernes Gewand.

Der Saft Genießer schnell dann findet,
wenn er zur Schorle sich verbindet.
Als Gelee auf's Brot gebracht
das Lächeln er noch röter macht.
So zweimal Gaben bringt das Warten,
wenn es holundert in dem Garten.

03.10.2021
Erster Versuch mit Ungereimtem. Inspiriert durch die
Vorlesung von Herrn Dr. M. in Göllheim.

Nachhaltig

Es holundert
im Garten
er duftet
betörend.

Die Blüten klein und weiß
als Sirub sie tropfen
in Wasser
erfrischen sie den Sommer.

Die Beeren lila
sie fordern frech
lass uns röten
das Lächeln
es bleibt
bis in den Winter.

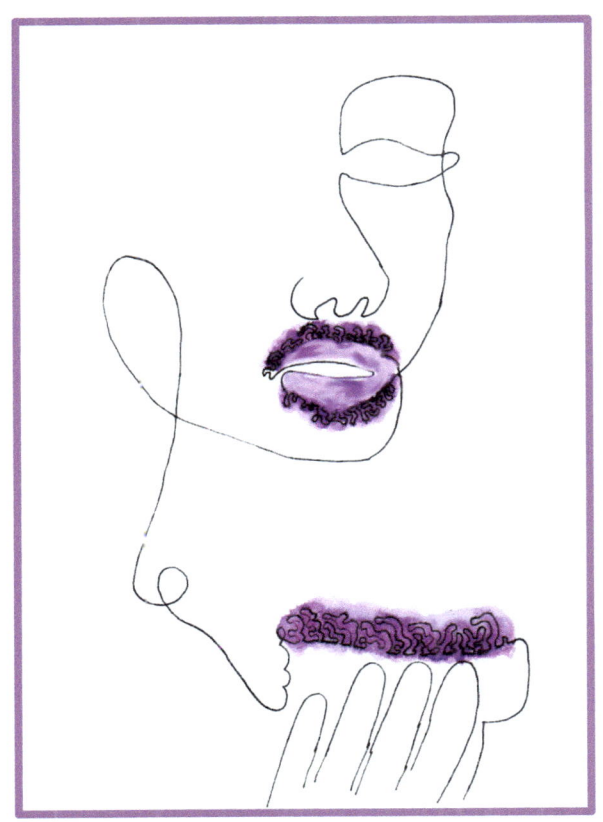

Dankeschön

Nach 5 Jahren scheint es doch angebracht zu sein, mal ein Dankeswort an alle zu richten, die mich in dieser Zeit so tatkräftig unterstützt haben in Worten und in Taten.

Danke dir ρ π für dein manchmal sehr ausschweifendes, ausführliches Lektorat und dafür, dass du mir nicht gram bist, wenn ich deine Veränderungen mal nicht umsetzten möchte.

Danke dir Rudi für die schönen Fotos, die du mit so treffsicherer Hand fotografiert und ausgewählt hast.

Danke dir Sabine, dass du mir die wunderbaren Bilder gemalt hast, die meine Worte noch zusätzlich unterstreichen.

Danke euch, Lisa und Dortje, dass ihr mir meinen Freiraum gelassen habt und mich mit Ideen inspiriert habt.

Danke auch an dich Frank, dass du in meinem Flow immer gerne auch meine Aufgaben mit übernommen und so dies alles ermöglichst hast.

Und Danke auch an euch, liebe Freunde/innen, die ihr mich lesend unterstützt habt und mir immer wieder gut zugesprochen habt, weiter zu schreiben und zu reimen.

Inhaltsverzeichnis

Bildverzeichnis

Mehr Gereimtes gibt's hier:

Wortgewandt 2017-2019

Alltagslyrik

Jessica Herbstritt

weitere Gedichte

Schweinehund, Gedankenkarussell und Schokoladenverführung vs. Frühjahrsputz, Schlaf-an-Zug und Begierdenstiller.

Wer kennt sie nicht, die Stolper-steine des Alltags und ihre Gegenspieler?

Ihre faszinierenden Duelle sind hier anschaulich in Wort und Bild gewandet.

ISBN-10: 3710347262
ISBN-13: 978-3710347269

Der Bergzwerg

Jessica Herbstritt

Der Bergzwerg hat ein Problem. Der Berg versperrt ihm die Sicht auf das Meer. Er versucht alles, um das Meer doch noch zu Gesicht zu bekommen. Wird er es schaffen? In Reimen und Bildern kann man hier seine Bemühungen nachverfolgen.

Kontakt: jpiepen@gmx.de